心一堂術數古籍珍本叢刊

書名：臨穴指南（虛白廬藏本）【新修訂版原（彩）色本】
系列：心一堂術數古籍珍本叢刊　堪輿類　無常玄空珍秘系列　第一輯　53
作者：【清】章仲山
主編、責任編輯：陳劍聰
心一堂術數古籍珍本叢刊編校小組：陳劍聰　素聞　梁松盛　鄒偉才　虛白盧主

出版：心一堂有限公司
通訊地址：香港九龍旺角彌敦道六一〇號荷李活商業中心十八樓〇五－〇六室
深港讀者服務中心・中國深圳市羅湖區立新路六號羅湖商業大厦負一層〇〇八室
電話號碼：(852)67150840
網址：publish.sunyata.cc
電郵：sunyatabook@gmail.com
網店：http://book.sunyata.cc
淘寶店地址：https://shop210782774.taobao.com
微店地址：https://weidian.com/s/1212826297
臉書：https://www.facebook.com/sunyatabook
讀者論壇：http://bbs.sunyata.cc/

版次：二零一七年一月初版
平裝

定價：港幣　三百六十八元正
新台幣　一千三百八十元正

國際書號：ISBN 978-988-8317-38-7

香港發行：香港聯合書刊物流有限公司
地址：香港新界大埔汀麗路36號中華商務印刷大厦3樓
電話號碼：(852)2150-2100
傳真號碼：(852)2407-3062
電郵：info@suplogistics.com.hk

台灣發行：秀威資訊科技股份有限公司
地址：台灣台北市內湖區瑞光路七十六巷六十五號一樓
電話號碼：+886-2-2796-3638
傳真號碼：+886-2-2796-1377
網絡書店：www.bodbooks.com.tw
台灣國家書店讀者服務中心：
地址：台灣台北市中山區松江路二〇九號一樓
電話號碼：+886-2-2518-0207
傳真號碼：+886-2-2518-0778
網絡書店：http://www.govbooks.com.tw

中國大陸發行　零售：深圳心一堂文化傳播有限公司
深圳地址：深圳市羅湖區立新路六號羅湖商業大厦負一層〇〇八室
電話號碼：(86)0755-82224934

心一堂微店二維碼

心一堂淘寶店二維碼

心一堂術數古籍 珍本叢刊 整理 總序

術數定義

術數，大概可謂以「推算（推演）、預測人（個人、群體、國家等）、事、物、自然現象、時間、空間方位等規律及氣數，並或通過種種『方術』，從而達致趨吉避凶或某種特定目的」之知識體系和方法。

術數類別

我國術數的內容類別，歷代不盡相同，例如《漢書・藝文志》中載，漢代術數有六類：天文、曆譜、五行、蓍龜、雜占、形法。至清代《四庫全書》，術數類則有：數學、占候、相宅相墓、占卜、命書、相書、陰陽五行、雜技術等，其他如《後漢書・方術部》、《藝文類聚・方術部》、《太平御覽・方術部》等，對於術數的分類，皆有差異。古代多把天文、曆譜、及部分數學均歸入術數類，而民間流行亦視傳統醫學作為術數的一環；此外，有些術數與宗教中的方術亦往往難以分開。現代民間則常將各種術數歸納為五大類別：命、卜、相、醫、山，通稱「五術」。

本叢刊在《四庫全書》的分類基礎上，將術數分為九大類別：占筮、星命、相術、堪輿、選擇、三式、讖諱、理數（陰陽五行）、雜術（其他）。而未收天文、曆譜、算術、宗教方術、醫學。

術數思想與發展——從術到學，乃至合道

我國術數是由上古的占星、卜筮、形法等術發展下來的。其中卜筮之術，是歷經夏商周三代而通過「龜卜、蓍筮」得出卜（筮）辭的一種預測（吉凶成敗）術，之後歸納並結集成書，此即現傳之《易

經》。經過春秋戰國至秦漢之際，受到當時諸子百家的影響、儒家的推崇，遂有《易傳》等的出現，原本是卜筮術書的《易經》，被提升及解讀成有包涵「天地之道（理）」之學。因此，《易・繫辭傳》曰：「易與天地準，故能彌綸天地之道。」

漢代以後，易學中的陰陽學說，與五行、九宮、干支、氣運、災變、律曆、卦氣、讖緯、天人感應說等相結合，形成易學中象數系統。而其他原與《易經》本來沒有關係的術數，如占星、形法、選擇，亦漸漸以易理（象數學說）為依歸。《四庫全書・易類小序》云：「術數之興，多在秦漢以後。要其旨，不出乎陰陽五行，生尅制化。實皆《易》之支派，傅以雜說耳。」至此，術數可謂已由「術」發展成「學」。

及至宋代，術數理論與理學中的河圖洛書、太極圖、邵雍先天之學及皇極經世等學說給合，通過術數以演繹理學中「天地中有一太極，萬物中各有一太極」（《朱子語類》）的思想。術數理論不單已發展至十分成熟，而且也從其學理中衍生一些新的方法或理論，如《梅花易數》、《河洛理數》等。

在傳統上，術數功能往往不止於僅僅作為趨吉避凶的方術，及「能彌綸天地之道」的學問，亦有其「修心養性」的功能，「與道合一」（修道）的內涵。《素問・上古天真論》：「上古之人，其知道者，法於陰陽，和於術數。」數之意義，不單是外在的算數、歷數、氣數，而是與理學中同等的「道」、「理」--心性的功能，北宋理氣家邵雍對此多有發揮：「聖人之心，是亦數也」、「萬化萬事生乎心」、「心為太極」。《觀物外篇》：「先天之學，心法也。……蓋天地萬物之理，盡在其中矣，心一而不分，則能應萬物。」反過來說，宋代的術數理論，受到當時理學、佛道及宋易影響，認為心性本質上是等同天地之太極。天地萬物氣數規律，能通過內觀自心而有所感知，即是內心也已具備有術數的推演及預測、感知能力；相傳是邵雍所創之《梅花易數》，便是在這樣的背景下誕生。

《易・文言傳》已有「積善之家，必有餘慶；積不善之家，必有餘殃」之說，至漢代流行的災變說及讖緯說，我國數千年來都認為天災，異常天象（自然現象），皆與一國或一地的施政者失德有關；下至家族、個人之盛衰，也都與一族一人之德行修養有關。因此，我國術數中除了吉凶盛衰理數之外，人心的德行修養，也是趨吉避凶的一個關鍵因素。

術數與宗教、修道

在這種思想之下，我國術數不單只是附屬於巫術或宗教行為的方術，又往往是一種宗教的修煉手段—通過術數，以知陰陽，乃至合陰陽（道）。「其知道者，法於陰陽，和於術數。」例如，「奇門遁甲」術中，即分為「術奇門」與「法奇門」兩大類。「法奇門」中有大量道教中符籙、手印、存想、內煉的內容，是道教內丹外法的一種重要外法修煉體系。甚至在雷法一系的修煉上，亦大量應用了術數內容。此外，相術、堪輿術中也有修煉望氣（氣的形狀、顏色）的方法；堪輿家除了選擇陰陽宅之吉凶外，也有道教中選擇適合修道環境（法、財、侶、地中的地）的方法，以至通過堪輿術觀察天地山川陰陽之氣，亦成為領悟陰陽金丹大道的一途。

易學體系以外的術數與的少數民族的術數

我國術數中，也有不用或不全用易理作為其理論依據的，如揚雄的《太玄》、司馬光的《潛虛》。也有一些占卜法、雜術不屬於《易經》系統，不過對後世影響較少而已。

外來宗教及少數民族中也有不少雖受漢文化影響（如陰陽、五行、二十八宿等學說。）但仍自成系統的術數，如古代的西夏、突厥、吐魯番等占卜及星占術，藏族中有多種藏傳佛教占卜術、苯教占卜術、擇吉術、推命術、相術等；北方少數民族有薩滿教占卜術；不少少數民族如水族、白族、布朗族、佤族、彝族、苗族等，皆有占雞（卦）草卜、雞蛋卜等術，納西族的占星術、占卜術，彝族畢摩的推命術、占卜術……等等，都是屬於《易經》體系以外的術數。相對上，外國傳入的術數以及其理論，對我國術數影響更大。

曆法、推步術與外來術數的影響

我國的術數與曆法的關係非常緊密。早期的術數中，很多是利用星宿或星宿組合的位置（如某星在某州或某宮某度）付予某種吉凶意義，并據之以推演，例如歲星（木星）、月將（某月太陽所躔之宮次）等。不過，由於不同的古代曆法推步的誤差及歲差的問題，若干年後，其術數所用之星辰的位置，已與真實星辰的位置不一樣了；此如歲星（木星），早期的曆法及術數以十二年為一周期（以應地支），與木星真實周期十一點八六年，每幾十年便錯一宮。後來術家又設一「太歲」的假想星體來解決，是歲星運行的相反，週期亦剛好是十二年。而術數中的神煞，很多即是根據太歲的位置而定。又如六壬術中的「月將」，原是立春節氣後太陽躔娵訾之次而稱作「登明亥將」，至宋代，因歲差的關係，要到雨水節氣後太陽才躔娵訾之次，當時沈括提出了修正，但明清時六壬術中「月將」仍然沿用宋代沈括修正的起法沒有再修正。

由於以真實星象周期的推步術是非常繁複，而且古代星象推步術本身亦有不少誤差，大多數術數除依曆書保留了太陽（節氣）、太陰（月相）的簡單宮次計算外，漸漸形成根據干支、日月等的各自起例，以起出其他具有不同含義的眾多假想星象及神煞系統。唐宋以後，我國絕大部分術數都主要沿用這一系統，也出現了不少完全脫離真實星象的術數，如《子平術》、《紫微斗數》、《鐵版神數》等。後來就連一些利用真實星辰位置的術數，如《七政四餘術》及選擇法中的《天星選擇》，也已與假想星象及神煞混合而使用了。

隨着古代外國曆（推步）、術數的傳入，如唐代傳入的印度曆法及術數，元代傳入的回回曆等，其中我國占星術便吸收了印度占星術中羅睺星、計都星等而形成四餘星，又通過阿拉伯占星術而吸收了其中來自希臘、巴比倫占星術的黃道十二宮、四大（四元素）學說（地、水、火、風），並與我國傳統的二十八宿、五行說、神煞系統並存而形成《七政四餘術》。此外，一些術數中的北斗星名，不用我國傳統的星名：天樞、天璇、天璣、天權、玉衡、開陽、搖光，而是使用來自印度梵文所譯的：貪狼、巨門、祿存、文曲，廉貞、武曲、破軍等，此明顯是受到唐代從印度傳入的曆法及占星術所影響。如星命術中的《紫微斗數》及堪輿術中的《撼龍經》等文獻中，其星皆用印度譯名。及至清初《時憲曆》，置閏之法則改用西法「定氣」。清代以後的術數，又作過不少的調整。

此外，我國相術中的面相術、手相術，唐宋之際受印度相術影響頗大，至民國初年，又通過翻譯歐西、日本的相術書籍而大量吸收歐西相術的內容，形成了現代我國坊間流行的新式相術。

陰陽學——術數在古代、官方管理及外國的影響

術數在古代社會中一直扮演着一個非常重要的角色，影響層面不單只是某一階層、某一職業、某一年齡的人，而是上自帝王，下至普通百姓，從出生到死亡，不論是生活上的小事如洗髮、出行等，大事如建房、入伙、出兵等，從個人、家族以至國家，從天文、氣象、地理到人事、軍事，從民俗、學術到宗教，都離不開術數的應用。我國最晚在唐代開始，已把以上術數之學，稱作陰陽（學），行術數者稱陰陽人。（敦煌文書、斯四三二七唐《師師漫語話》：「以下說陰陽人謾語話」，此說法後來傳入日本，今日本人稱行術數者為「陰陽師」）。一直到了清末，欽天監中負責陰陽術數的官員中，以及民間術數之士，仍名陰陽生。

古代政府的中欽天監（司天監），除了負責天文、曆法、輿地之外，亦精通其他如星占、選擇、堪輿等術數，除在皇室人員及朝庭中應用外，也定期頒行日書、修定術數，使民間對於天文、日曆用事吉凶及使用其他術數時，有所依從。

我國古代政府對官方及民間陰陽學及陰陽官員，從其內容、人員的選拔、培訓、認證、考核、律法監管等，都有制度。至明清兩代，其制度更為完善、嚴格。

宋代官學之中，課程中已有陰陽學及其考試的內容。（宋徽宗崇寧三年〔一一零四年〕崇寧算學令：「諸學生習……並曆算、三式、天文書。」「諸試……三式即射覆及預占三日陰陽風雨。天文即預

定一月或一季分野災祥，並以依經備草合問為通。」

金代司天臺，從民間「草澤人」（即民間習術數人士）考試選拔：「其試之制，以《宣明曆》試推步，及《婚書》、《地理新書》試合婚、安葬，並《易》筮法，六壬課、三命、五星之術。」（《金史》卷五十一・志第三十二・選舉一）

元代為進一步加強官方陰陽學對民間的影響、管理、控制及培育，除沿襲宋代、金代在司天監掌管陰陽學及中央的官學陰陽學課程之外，更在地方上增設陰陽學課程（《元史・選舉志一》：「世祖至元二十八年夏六月始置諸路陰陽學。」）地方上也設陰陽學教授員，培育及管轄地方陰陽人。（《元史・選舉志一》：「（元仁宗）延祐初，令陰陽人依儒醫例，於路、府、州設教授員，凡陰陽人皆管轄之，而上屬於太史焉。」）自此，民間的陰陽術士（陰陽人），被納入官方的管轄之下。

至明清兩代，陰陽學制度更為完善。中央欽天監掌管陰陽學，明代地方縣設陰陽學正術，各州設陰陽學典術，各縣設陰陽學訓術。陰陽人從地方陰陽學肄業或被選拔出來後，再送到欽天監考試。（《大明會典》卷二二三：「凡天下府州縣舉到陰陽人堪任正術等官者，俱從吏部送（欽天監），考中，送回選用；不中者發回原籍為民，原保官吏治罪。」）清代大致沿用明制，凡陰陽術數之流，悉歸中央欽天監及地方陰陽官員管理、培訓、認證。至今尚有「紹興府陰陽印」、「東光縣陰陽學記」等明代銅印，及某某縣某某之清代陰陽執照等傳世。

清代欽天監漏刻科對官員要求甚為嚴格。《大清會典》「國子監」規定：「凡算學之教，設肄業生。滿洲十有二人，蒙古、漢軍各六人，於各旗官學內考取。漢十有二人，於舉人、貢監生童內考取。附學生二十四人，由欽天監選送。教以天文演算法諸書，五年學業有成，舉人引見以欽天監博士用，貢監生童以天文生補用。」學生在官學肄業、貢監生肄業或考得舉人後，經過了五年對天文、算法、陰陽學的學習，其中精通陰陽術數者，會送往漏刻科。而在欽天監供職的官員，《大清會典則例》「欽天監」規定：「本監官生三年考核一次，術業精通者，保題升用。不及者，停其升轉，再加學習。如能黽勉供職，即予開復。仍不及者，降職一等，再令學習三年，能習熟者，准予開復，仍不能者，黜退。」除定期考核以定其升用降職外，《大清律例》中對陰陽術士不準確的推斷（妄言禍福）是要治罪的。《大清律例・一七八・術七・妄言禍福》：「凡陰陽術士，不許於大小文武官員之家妄言禍福，違者杖一百。其依經推算星命卜課，不在禁限。」大小文武官員延請的陰陽術士，自然是以欽天監漏刻科官員或地方陰陽官員為主。

官方陰陽學制度也影響鄰國如朝鮮、日本、越南等地，一直到了民國時期，鄰國仍然沿用着我國的多種術數。而我國的漢族術數，在古代甚至影響遍及西夏、突厥、吐蕃、阿拉伯、印度、東南亞諸國。

術數研究

術數在我國古代社會雖然影響深遠，「是傳統中國理念中的一門科學，從傳統的陰陽、五行、九宮、八卦、河圖、洛書等觀念作大自然的研究。……傳統中國的天文學、數學、煉丹術等，要到上世紀中葉始受世界學者肯定。可是，術數還未受到應得的注意。術數在傳統中國科技史、思想史，文化史、社會史，甚至軍事史都有一定的影響。……更進一步了解術數，我們將更能了解中國歷史的全貌。」（何丙郁《術數、天文與醫學中國科技史的新視野》，香港城市大學中國文化中心。）

可是術數至今一直不受正統學界所重視，加上術家藏秘自珍，又揚言天機不可洩漏，「（術數）乃吾國科學與哲學融貫而成一種學說，數千年來傳衍嬗變，或隱或現，全賴一二有心人為之繼續維繫，賴以不絕，其中確有學術上研究之價值，非徒癡人說夢，荒誕不經之謂也。其所以至今不能在科學中成立一種地位者，實有數因。蓋古代士大夫階級目醫卜星相為九流之學，多恥道之；而發明諸大師又故為惝恍迷離之辭，以待後人探索；間有一二賢者有所發明，亦秘莫如深，既恐洩天地之秘，復恐譏為旁門左道，始終不肯公開研究，成立一有系統說明之書籍，貽之後世。故居今日而欲研究此種學術，實一極困難之事。」（民國徐樂吾《子平真詮評註》，方重審序）

現存的術數古籍，除極少數是唐、宋、元的版本外，絕大多數是明、清兩代的版本。其內容也主要是明、清兩代流行的術數，唐宋或以前的術數及其書籍，大部分均已失傳，只能從史料記載、出土文獻、敦煌遺書中稍窺一鱗半爪。

術數版本

坊間術數古籍版本，大多是晚清書坊之翻刻本及民國書賈之重排本，其中豕亥魚魯，或任意增刪，往往文意全非，以至不能卒讀。現今不論是術數愛好者，還是民俗、史學、社會、文化、版本等學術研究者，要想得一常見術數書籍的善本、原版，已經非常困難，更遑論如稿本、鈔本、孤本等珍稀版本。在文獻不足及缺乏善本的情況下，要想對術數的源流、理法、及其影響，作全面深入的研究，幾不可能。

有見及此，本叢刊編校小組經多年努力及多方協助，在海內外搜羅了二十世紀六十年代以前漢文為主的術數類善本、珍本、鈔本、孤本、稿本、批校本等數百種，精選出其中最佳版本，分別輯入兩個系列：

一、心一堂術數古籍珍本叢刊

二、心一堂術數古籍整理叢刊

前者以最新數碼（數位）技術清理、修復珍本原本的版面，更正明顯的錯訛，部分善本更以原色彩色精印，務求更勝原本。并以每百多種珍本、一百二十冊為一輯，分輯出版，以饗讀者。

後者延請、稿約有關專家、學者，以善本、珍本等作底本，參以其他版本，古籍進行審定、校勘、注釋，務求打造一最善版本，方便現代人閱讀、理解、研究等之用。

限於編校小組的水平，版本選擇及考證、文字修正、提要內容等方面，恐有疏漏及舛誤之處，懇請方家不吝指正。

心一堂術數古籍 珍本/整理 叢刊編校小組

二零零九年七月序

二零一四年九月第三次修訂

《臨穴指南》原本（虛白廬藏足本）提要

《臨穴指南》，原書一冊不分卷。清章仲山撰。清鈔稿本。原線裝。虛白廬藏本。未刊稿。心一堂據虛白廬藏本原色精印出版，輯入心一堂術數古籍珍本叢刊。

章甫，字仲山，自號錫山無心道人，江蘇無錫梁溪人。乃清代中葉三元玄空地理名家，流傳著述有《地理辨正直解》、《天元五歌闡義》、《元空秘旨註》、《心眼指要》、《臨穴指南》、《陰陽二宅錄驗》（《仲山宅斷》）、《保墓良規》、《章仲山挨星秘訣》（輯入心一堂術數珍本叢刊，經已出版）等。傳子雲谷、孫其渙，門人有桐鄉陳柳愚、長州柯遠峰、金匱錢荊山（即錢韞巖）、吳縣徐嘉穀、湖州陳陶生、金匱陶康吉等。

據章氏於道光元年（一八二一年）的《地理辨正直解·自敘》云：「今去（蔣大鴻）先生未久，……百年之近。」蔣氏為康熙初年時人，百年之後，則章氏當生於乾隆中期。又據武進李逑來亦於道光元年寫的《地理辨正直解、跋》云：「神明其道于大江南北已三十年。」往上而推，則章氏當在乾隆末期即已以堪輿術行道。再據《章仲山挨星秘訣》內〈北斗七星打劫〉一節中云：「蔣傳姜，姜傳張，張抱道，不輕言，姚得之，大江口，歲乙卯，傳斯篇。」章氏確實屬於蔣大鴻嫡派真傳，源自姜垚一脈，中歷張右雷、姚赤電二代，於乙卯年得傳。此乙卯年應即乾隆六十年（一七九五年）。經嘉慶，至道光，章氏已是名滿江浙的一代地理名師。因為章氏及其門人多在無錫、常熟一帶行道，遂被後世稱作三元玄空六派之一的「無常派」。

章氏一派影響其後堪輿界甚鉅，如華湛恩《天心正運》、溫明遠《辨正續解》、高守中《地理冰海》等（以上皆輯入心一堂術數古籍珍本叢刊，陸續出版），皆甚推重章氏之言。唯章氏作法是以挨星訣為核心，并以後天九宮飛星作挨星，即以山向二星入中順逆飛佈九宮作為擇地、佈局、立向、斷事等推演吉凶之本，若與蔣大鴻其他門人所傳及當時玄空各派之作法：多以先後天等法乘元運擇地、佈局，再以挨星等訣立向，二者比較，無常派明顯已有側重。此況亦影響了清末的沈竹礽（一八四九－一九零六），沈氏終其一生都在破譯章氏三元玄空作法種種，後在章氏後人處以重金借抄得《陰陽二宅錄驗》，才從中悟出章氏挨星之法，從亦以飛星為主，後由其子沈瓞民及諸同門，在民國初年集成《增廣沈氏玄空學》（《增廣沈氏玄空學 附仲山宅斷秘繪稿本三種、自得齋地理叢說稿鈔本》，輯入心一堂術數古籍珍本叢刊，經已出版。）將秘訣公諸於世。同時期亦有談養吾著《大玄空路透》、《大玄空實驗》、《辨正新解》，尤惜陰著《宅運新案》、《宅運撮要》、榮柏雲著《二宅實驗》等，推波助瀾，飛星法乃成三元玄空顯學，蔚為大宗，影響至今。

據虛白廬藏清同治十二年（一八七三年）章氏後人重刊本《心眼指要》後序，章仲山之孫章品咸在章氏家族經歷太平天國軍隊戰火後，云：「咸豐丙辰（一八五六）秋，偶於殘篇中得先大父遺稿，曰《陰陽二宅錄驗》，繪圖詳明，言之鑿鑿。顧其所梓行《地理辨正直解》、《天元五歌闡義》、《心眼指要》等書，又語多隱奧，常以天律有禁為可畏……與其書中所云，不敢浪泄天機者，將毋同耶？」由是可知，章仲山在公開刊刻的著述如《地理辨正直解》、《天元五歌闡義》、《元空秘旨註》、《心眼指要》，不少訣法確實沒有完全公開，章氏後人尚藏有章氏的秘藏手稿，記載章氏地理的不外傳心法及風水案例，從未公開刊刻，只有鈔本在內部流傳。而章仲山之孫章品咸則在序中稍稍透露了其中一本章氏遺稿《陰陽二宅錄驗》。相信當時沈竹礽，便是看到同治十二年（一八七三年）章氏後人重刊本《心眼指要》後序後，在光緒戊寅（一八七八年）便去尋訪章氏後人，以重金借抄得《陰陽二宅錄驗》。

然而，章氏遺稿，當非只有《陰陽二宅錄驗》一篇。民國談養吾，初師從章氏外戚楊九如，其著《談氏三元地理大玄空實驗》卷四中，即節錄其師楊九如藏的章氏遺稿《臨穴指南》部份。此外，民國二十二年（一九三三）王則先增編六卷本《沈氏玄空學》時，摘錄了「友人秘本」中論玄空大卦與奇門同出一源的〈坤壬乙訣起例之由來〉一節，附入卷五《玄空輯要》之內。此「秘本」即《章仲山秘星秘訣》（《章仲山拗馬秘訣》）」（輯入心一堂術數古籍珍本叢刊，經已出版）。

長期以來，因為《臨穴指南》只有談養吾《大玄空實驗》節錄本，往往容易誤以為《臨穴指南》與《陰陽二宅錄驗》（沈竹礽節錄本改名《仲山宅斷》，輯入《沈氏玄空學》中）乃同書而異名。今觀本書虛白廬藏本《臨穴指南》，可知二者實是兩書。《臨穴指南》以五六運案例最多，前有章仲山自序，文中又多用第一身語。而沈竹礽節本《陰陽二宅錄驗》（《仲山宅斷》）則以七八運最多，文中又多有「仲山曰」等語。故此相信，《臨穴指南》當是章仲山得訣後覆墳（宅）之記錄，而《陰陽二宅錄驗》（《仲山宅斷》）當是後來章氏門人記錄章氏陰陽二宅的宅案。相對而言，《臨穴指南》可說是章氏遺稿秘中之秘。

心一堂術數古籍珍本叢刊輯入的虛白廬藏本《臨穴指南》中二宅宅案約一百五十例，乃是《仲山宅斷》的宅案近三倍之數。其中宅案，皆為極珍貴的三元玄空「無常派」資料。若能持之與章氏公開刊刻的《地理辨正直解》、《天元五歌闡義》、《元空秘旨註》、《心眼指要》四書、另外無常派秘本如：《章仲山挨星秘訣》、《章仲山宅案附無常派玄空秘要》、《章仲山門內秘傳二宅形氣確驗》、《章仲山秘傳玄空斷驗筆記 附 章仲山斷宅圖註》及無常派玄空另一經典《堪輿一覽》（以上輯入心一堂術數古籍珍本叢刊）等書對讀，當有會心，可以窺知無常派的真傳奧秘。

讀者并可參考《臨穴指南選註》（心一堂術數古籍整理叢刊輯・堪輿類，梁國誠著）。作者以心一堂術數古籍珍本叢刊・堪輿類・無常派玄空珍秘《臨穴指南》（虛白廬藏本）為底本，選取了其中十八個案例註釋：不單從文字的註解、版本的考證，更以作者多年經驗及與古藉比對，加以闡釋，將前人隱而不發之真機，無私的向讀者披肝露膽。並親身前往無錫實地堪察，手繪地貌復原圖，并運用先進科技航拍照片，強化書中內容，熬歷了多時而成集。把作者鑽研多年的心得導出，與堪輿學愛好者共同研究，開闢出一條捷徑，協助讀者破譯無常派玄空秘本《臨穴指南》中奧秘。

臨穴指南小序

古云地理之道看書不如覆墳多又云得法歸來好看書故巒頭為體理氣為用然歷來談地理者巒頭有証竟作開場大旨理氣無傳反笑愚惑之叱說人所共信殊不知名雖葬地實係葬天地隨天轉良不誣也近有時師共遵假捏三元之法某運某向鐵板不易可發一笑要知元運元元各向可立蓋以砂水峰巒應立本元何向方稱玄空秘旨奚如時師在夢說三元之法乎予既得其法又精參舊地運會胸中是以登地觀局勢必

探其何運所遷自符於法草錄斯本因名之曰臨穴指南未識
可卜 高明一笑否

梁溪章仲山識

常州張宅　一運癸山丁向坎氣

坤水曲朝離向逶迤合聚巽方折消艮出
葬時有二子長行二次行四俱窘迫葬後
長生三子漸能讀書入泮補廩以後連生
葬者之曾孫書香不斷入泮頻頻名師嘖
嘖財氣不缺亦不大旺次子自身捐州同
生五子各捐職次子出仕縣丞并署縣篆
葬時即為水客大發貲財豪氣森森凡常

三〨〤
一六二
〥四九

〨〣四
一五九
〩〧〢

公事與府縣會同紳士共推為倡蓋重義
輕財故稱百萬其實分時祇有四十餘萬
現今葬者曾孫出仕微員亦署縣篆然而
有富者亦有大敗者不過地已美矣未能
十全此局取得輔星成五吉

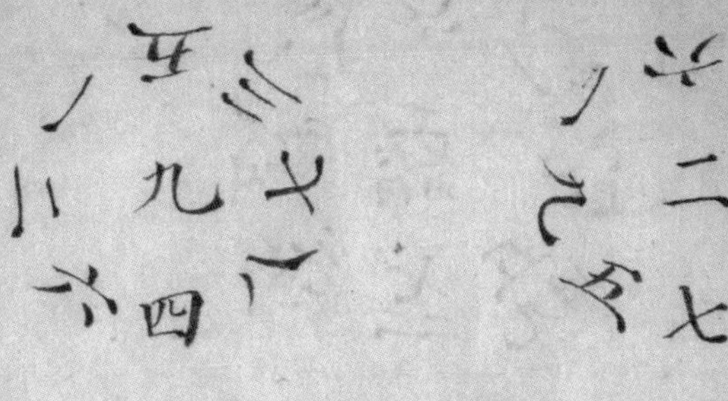

楊宅田龍　一運亥山巳向

大龍身自坤而來轉庚酉辛戌乾亥壬子癸丑艮寅而去此地之氣從乾腰落向巽開窩作乾氣乾方湖水巽震水案山開面彎環自明迄今科甲連綿富稱百萬人丁大旺

石塘灣孫　二運子山午向

庚酉辛大塘河水自坤離巽震復轉辰巽消出其坎方直浜當背冲來龍氣模糊有似兌來有自離方過河而來核問諸師皆不知主何龍脈但知葬後本身發有五六十萬地之佳美在一水得神閱地者可不細心耶

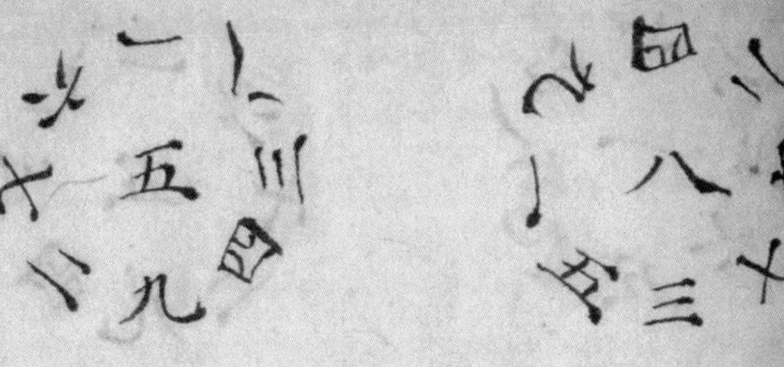

錢狀元祖墳　錢茶山

二運丑山未向　艮龍

左右二山環抱坤峰高遠而秀美可愛未坤太湖光亮離方圓塘如鏡貼近茶山係唐子生故發維城公狀元

無錫　鄒宅　三運卯山酉向

卯高山尖頂落脈縮細又聳尖頂仍落脈生石鉗鉗前土墩緊靠墩甏左右山形一如圈椅土埒歡砂數層以作內襯乾峰遠出十餘里堂氣寬大巽離坎水皆聚堂內庚酉辛方龍游河水十餘里長屈曲來朝故發忠倚公狀元

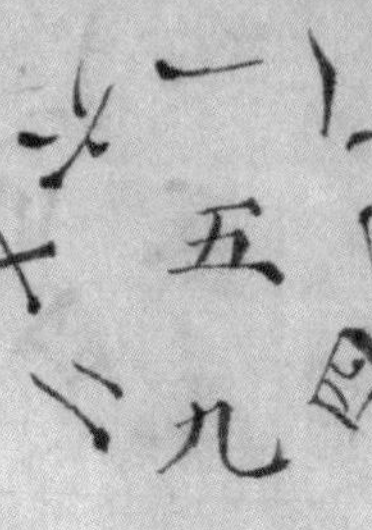

稽中堂祖墳 在軍帳山

三運　子山午向

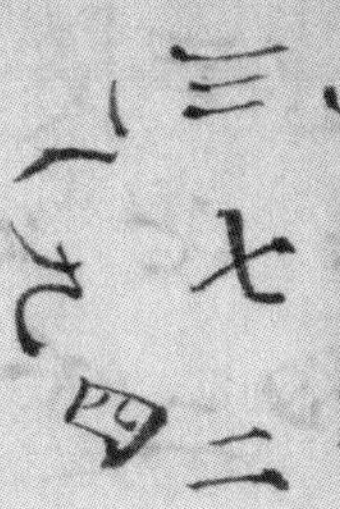

乾亥來龍。轉坎入首。艮蕩坤水。曲至離方

大開洋。消出巽。酉辛戌低田。細看結穴在

極低處。可見手法之妙。

蘆橋薛宅　三運　午山子向

離方高山出脈。落平田結穴。坎坤震巽乾水。葬後大發丁財。此局所謂卯山卯向之局也。

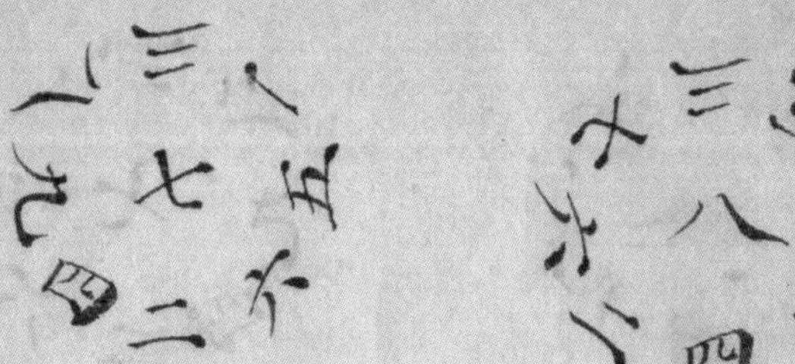

吳趙家山　雍正二年甲辰葬

三運　辛山乙向

甲卯乙大塘遷後乙卯年中舉二人。丙辰進士丁巳進士辛未又一人保舉經學此亦一吉之局最長久。

錢伯坰祖墳

三運　丙山壬向

平地開窩。甲庚壬丙水亮。出神童。

四八九　八三四
六一五　一五九
二三七　六七二

二六七　四九八
四八三　二七三
九一五　六五一

施宅小洪橋

四運　酉山卯向

屋後低田兌水遠來不見從乾坎至艮轉
甲卯乙橫過至巽巳方橋下消去宅中有
池大發丁財入泮一人寡居三四

八四三
六二七
一九五
三八七
一六二
五四九

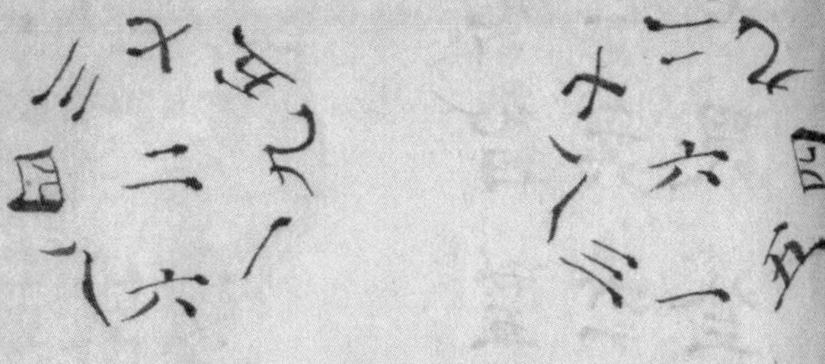

前州唐　四運　甲山庚向

巽方大龍身從乙卯甲寅艮丑而去寅甲方腰落結穴左右小砂環抱內堂壬水潴如鏡亮過亥到戌乾又開洋圓亮如鏡辛酉狹細庚申又亮如鏡坤又狹細不見水光未丁又亮如鏡仍從坤申轉至庚酉辛方又大開洋如鏡再轉至未大河更大開洋如鏡共計大小圓亮水光六節貫串連

珠若是之地亦天功神巧財有二十餘萬長房有五孫次房有二孫然則富既已得貴必將來也

王武沂　四運　辛未年用庚山甲向

酉辛戌乾亥壬子癸丑艮寅甲卯乙辰巽巳一圈亮水自遷葬後癸酉科中舉連捷共發三進士　六運又附葬兩穴

五九	九四	一五
七二	二六	六一
三七	四八	八三

蔡卓如　戚塘　四運庚山甲向

辛巳年葬父塋

辛戌來龍乾坎坤巽震水消艮六運發科甲

九四五	五九一	
二六一	七二六	
七八三	三四八	

王金麻子　四運癸未年用巳山亥向

午丁未申庚一路水從乾轉至艮方屈曲消出癸上河水亮初遷不利交乾隆三十二年丁亥八三年戊子七中五運發財起至六運財秀均發

二七六	六一二	
九五一	八三七	
四三八	四五九	

二六	六二	七一
四四	八九	三五
九八	一七	五三

殷梅村陽宅　四運壬山丙向

巽屋坤水來離橫過至巽消丁卯年痢疾

傷三丁心痛

八三	四八	三七
六一	二六	七二
一五	九四	五九

鄭華官祖墳癸酉年用四運酉山卯向

坤高山巽龍轉兌落脈坎低艮池水震橫

過至巽曲消明堂寬平艮上尖峰近巽遠

長房絕交五運甲申發財起至五十六年辛亥七年壬子一官訟

敗四十二年丁酉合葬子庚生命至庚申入泮庚午年中舉

陶沅祖墳管社山五運乙山辛向
丑艮寅甲卯乙辰巽巳高山卯上半山微
有脈即依脚葬在半山巳丙空乾亥澗水
從兌橫過至申消出未坤太湖湖中有小
圓山一座遷後大發丁財丁卯年發科

一五六　六一二
三七二　八三七
八九四　四五九

其住宅　六運造癸山丁向
坤離巽橫街巽上另有一街住後多病七運
乙丑年依原向重新翻造而安

四八　八四　九三
六六　一二　五七
二一　三九　七五

錢祖官祖墳　五運丁山癸向

卽新瀆橋子銘祖精堪輿

丁峰坤山庚酉山遠申庚來龍坎低田艮內堂浜水至卯見亮丑艮寅外堂大水從甲卯乙至辰巽消出未上插浜水從丁午丙巳至巽辰合消丁丙屋遮午水見亮於乾隆三十八年癸巳葬後大發丁財後於四十四年己亥又葬同向

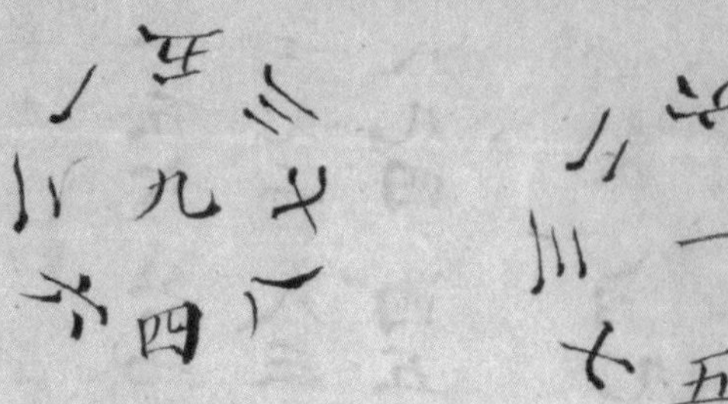

一六五　五一九
八四九　三八四
三二七　七六二

三七八　四八九
五九四　六一五
一二六　二三七

六運五十二年丁未又另葬辛山乙向山地
坤兌乾高山坤氣庚酉辛澗水卯乙池水
艮墩貼近寅高峰葬後大發丁財嘉慶十
二年傷女丁十四年産亡十六年傷兩小
丁十二年至十六年犯　欽部官司未
破家財　其住宅五運造子山午向九間
門面六進靠東第四進作米倉有旺神靠
東第五進作倉無旺神

六一八
八三七
四五九
八五六
三七二
八九四

偶見一墳　五運　乙山辛向

坤申來水庚酉辛至（橫過）戌乾聚亥消丁財亦好於六運合葬卽大不利所云不知用法豈可妄為人遷葬古語云我葬出公卿你葬出賊因艮不誣也知此用法者斷不可為其合葬必勸其改向另葬如果必欲合葬務必勸其將前葬之棺同新改向合葬否則雖至戚交好斷不可代其葬也

六一二　八三七　四五九
一五六　三七二　八九四

五運　酉山卯向　丙氣

辰巽直水遷後交六運中甲寅年犯人命破敗庚申辛酉年連傷五丁此為一吉之局出局不能保也

九五四　七三八　二一六
四九八　二七三　六五一

五運　庚山甲向　離氣

卯蕩庚酉平田葬後四子皆不生育至六運即於是穴是向發開動棺重新分金後六七年四子即育財亦好此亦一吉之局

七二三　二六七
九四八　四八三
五六一　九一五

可保長久前一局出運卽敗故地理玄奧千變萬化全在活潑精參其妙然口不能傳貴乎心領神會故同一吉局遲速相去天淵奚能畫一耶此所謂我葬出公卿也

五運　未山丑向

二六七　五九一
四八三　七二六
九一五　三四八

亥壬子癸水來甲卯乙辰巽水來會合丑艮寅方消出遲後大房生男難育二房有丁財少三房尅妻

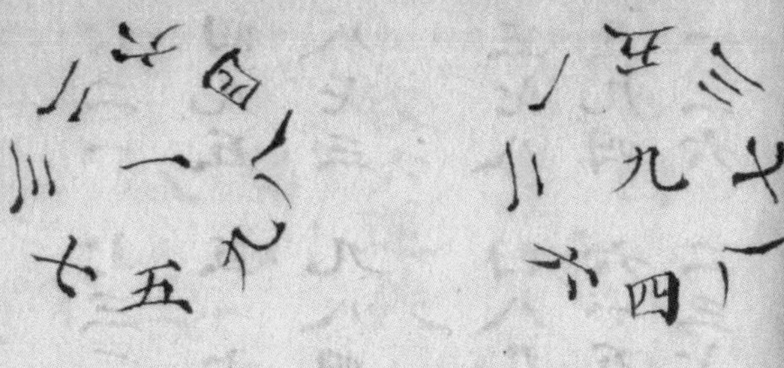

五運

坎五水卯三水出賊一地子癸水至坤未方消出一家靠東遷子山午向窮而出賊一家靠西遷丁山癸向丁少財大好一家遷午山子向出瘋疾一墳吉凶各異穴向亦不一向吉凶各判所謂左挨右挨運用只在指掌之間又云水邊花發水中紅也

五運　壬山丙向

六二一　七三二
四九五　五一六
八七三　九八四

巽上來水丙上亦見水坤上三义消出壬方艮寅水亦歸壬消出卯上來龍遷後長次兩房絕四六兩房好

唐　五運　攢癸山丁向

三七八　四八九
五九四　六一五
一二六　二三七

巽上浜水從離橫過未坤消兌方有屋貼近常有落胎之患

七二三
九四八
五六一
依六運挨
二六七
四八三
九一五

蔡培祖墳戚塘五運庚山甲向

戌乾來龍。轉庚酉入首。五里湖在丑艮寅方。坤離巽卯坎水合。消艮方。入五里湖遷後大敗。兼傷數丁。至六運初年。原向祔葬卽大發。培戊辰舉人。己巳翰林。葬天之說。覆看此墳。誠不謬也。故地有前葬凶而後葬吉者。亦有前葬吉而後葬凶者。皆關時候。理所必然也。此地先葬於五運之中。

五運庚甲盤

四二六	九七二	二九四
三一五	五七山三向	七九五
八一六	一三八	六八四

三七八　四八九
五九四　六一五
一二六　二三七

至六運只隔十一二年尚經大敗更能於六運初仍肯輕信形家於原地原向附葬催吉其旣葬轉吉附葬又吉二吉並至故能速效殆亦蔡氏之數形家之妙非時師之庸庸可比也　其陽宅五運造癸山丁向巽上浜水從離横過至庚酉方曲消巽上鄧孝坊靠東一家亦五運造同向丁財好二子一女皆啞

吳宅 孤村 五運 乙山辛向

乾兌池水從坤離方低田流去巽太湖卯

氣於六運附葬甲山庚向又祔葬巽山乾

向丁財大旺小秀 其住宅六運造癸山

丁向前三間一厢三進後五間一厢三進

第四進靠西一房巽門本與幼童臥其童（即以第四進四合中得艮七）

子俱病腹中有塊改艮門令其不閉以通

奧妙數月房內童子五六人病皆愈

五乙辛
二六七一五六三六
九三八五五山向一七二三
四八四三五九八九四四
六巽乾
三二八七五七六六六
一三九六五山向二一三
五四八四三九九八四

六甲庚
三三七八六六七三七
一四九六四山向二八三
五九五四六九一五
六癸丁
三四八八四七三九
一六六五四山向二七五
五三一四六九九七五

一	五	三
二	九	七
六	四	八

二	六	四
三	一	八
七	五	九

二	六	四
三	一	八
七	五	九

一	六	八
九	二	四
五	七	三

一	五	三
二	九	七
六	四	八

二	六	四
三	一	八
七	五	九

祝源茂 無錫北門　五運癸山丁向

一間三進樓房乾上大塘河水來從兌坤離巽止巽上另有水來合成三义轉艮消屋遮發財五六萬金至六運末年靠東貿大房一所另開大門原向多病傷丁出寡大敗　黃黑相遇　又六間一層四進前横街巽上另有街路第三進靠東房內多瘧疾

六一二　二七六
八三七　九五一
四五九　四三八

七二三　九四五
九四八　二六一
五六一　七八三

謝堯年祖墳　四運乾山巽向

乾上出脈落平田結穴乚辰巽巳丙案山朝拱有情巳上來水至巽辰方其間四曲坤申有水為屋遮攔未丁午丙水至巽合聚到卯乚上開洋丑艮方屈曲消出遷後丁財大旺此為五吉之局其地左邊有蔣承祖一墳五運乾隆三十四年己丑用戌山辰向發財五萬餘至七運入洋

八三四
一五九
六七八
四九一
二七三
六五八

吳探花祖墳　六運戌山辰向
艮高山逶迤屈曲由坎轉乾起雙峰落脈
吐唇三十餘丈左主山為砂右即從乾峰
下拖出短山稍緊緊環抱卯蕩貼近巽離
坤太湖湖外高山峰為朝案峰共稍歪夌
師記曰風裏蓮花雙並蒂鷸蚌金鯉戲定
向時又曰可惜狀元旗不正他年定中探
花郎果符其言

王御史祖墳在新塘鄉秦皇山之北

六運　丁山癸向

離方高山貼近出脈起墩坤方低窪巽卯澗水流至艮狹細聚坎出注壬亥方無朝案亦發

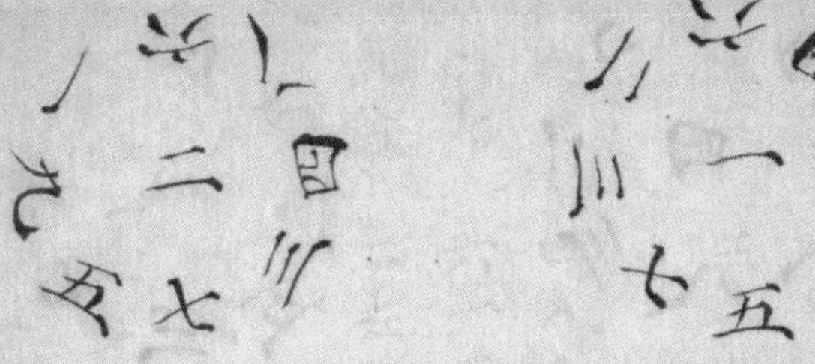

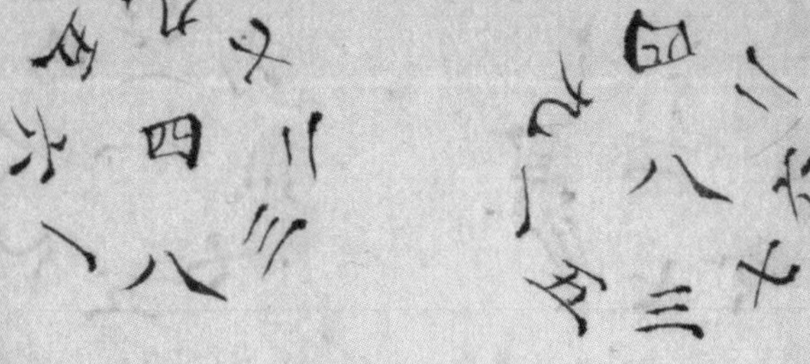

周延儒祖墳 在宜興紅林里

六運 庚山甲向

辛酉主山頂峰不正貼身出脈吐唇數十丈唇頭偏斜南高山為砂北土埒三層繞抱丙高山峰甲卯乙案山拖出兩山腳直射攏堂案外高峰在甲方直挺形如寶塔離巽水合聚卯方轉艮消坎明堂寬曠有數十餘畝

五一九　一六五
三八四　八四九
七六二　三二七

八四三　四八九
六二七　六一五
一九五　二三七

二七六　一五六
九五一　三七二
四三八　八九四

六運　辛山乙向
乾兌氣卯乙水坎上有水至艮轉灣於運
末辛酉年五月塟丁
又　丁山癸向
庚酉辛水來至乾亥停蓄從田內流至艮
方轉卯出大河葬後駁雜不堪人口不寧
至辛酉年改葬巳山亥向然後病者漸愈
而人口亦安

三七八
五九四
一二六

六一二
八三七
四五九

六運　寅山申向

坤申方大水肚飽黃病

六一二
八三七
四五九

三七八
五九四
一二六

六運　申山寅向

丑艮寅方大水坤申方城樓長子出軍前

執算軍需大發次子因奸傷足

之子继体

七三八
五一六
九八四

五九一
七二六
三四八

王姓　六運　丙山壬向

未坤上屋午丁方小池卯上澗水至艮寅聚從坎上低田內流至乾方曲消甲卯乙辰巽巳山環繞兌大山高聳木形鑾石山頭形破丁財稍可丙氣余覆其墳為其言曰西方有一中年女子面紫身長性燥者不可與往來久後必有累王以為戲言吾云非謔言也此女累在庚申辛酉年可見

八	三	一
九	七	五
四	二	六

四	九	二
三	五	七
八	一	六

九	四	二
一	八	六
五	三	七

七	二	九
八	六	四
三	一	五

此情惟汝自知王默然後數年遇見謝曰幸先生默化否則定遭其大累

盛耀祖父墳　六運乾山巽向

乙辰巽巳丙午丁未坤水乾峰乾氣酉辛峰艮峰長房絶次房有一丁於七運初年六七八月病竟至口不能言手足卷縮於是年甲子十月改葬戌辰兼辛乙向病即愈口能言手足亦好也

廉一新祖墳　六運巳山亥向

坤申一股小水辛酉一股小水二水合流至乾彎轉到坎消出乙巳年葬下丁財大損於是年七月傷丙寅丁庚戌年九月又傷戊辰丁庚申年八月又傷丁

湯　丁莊　陽宅　六運癸山丁向

六間一廂五進第四進東首作房女人血症死又換老三為房亦血症死

一五六　二七六
三七二　九五一
八九四　四三八

八四三　四八九
六二七　六一五
一九五　二三七

四八九　八四三
六一五　六二七
二三七　一九五

五九一　九五四
七二六　七三八
三四八　二一六

南宅　王景南父墳　六運午山子向
離方高山落脈數里朝北結穴坤界酉辛
覇水响坎水來轉艮寅聚甲上木橋卯上
三义消出巽屋遮遷後駁雜多端兼無子
余於嘉慶十年丑七運為其改丙山壬向
十二年丁卯得子庚午年又得子此卽穴
憑山向元空定兼合時宜也

陳裕祿洛社　六運　乚山辛向
亥乾戌浜水至辛酉庚濶大坤消去艮方
另一插浜直竪穴後葬後萬金家業六百
餘畝田一敗如灰寡居五六人
强　陽宅　六運　丑山未向
七間一𢌿四進巽上浜水從乚卯甲至寅（坎宮卯以坎入中挨星艮得四）
艮曲折消去第四進靠西間令其作書房
開艮門門路口間安放爐竈庚辰生入泮

一六五　五一九
八四九　三八四
三二七　七六二

六二一　九五四
四九五　七三八
八七三　二一六

彭　陽宅　六運　癸山丁向

兩間一廳五進午丁壩水响從坤轉庚酉濶大辛戌方消出離竈丁財大妙多頭眩病

五 一二	一 六六	三 八四 反
四 九三 伏	六 六山 一向	八 四八
九 五七	二 七五	七 三九

周　陽宅　六運　癸山丁向

第一廳一間二廳兩間三廳靠東一間靠西一間中空地一塊有井一口第四進三間五廳三間出神童

陽宅　六運　午山子向

四八九　八四三
六一五　六二七
二三七　一九五

離高峰。乾上木橋。艮上石磚。乾來水。從坎
艮至卯消。當時傷二丁。數萬家財敗完。

陽宅　六運　坤山艮向

六一二　三七八
八三七　五九四
四五九　一二六

艮水卯屋。言其丁財好。病該腹中有塊。若
家中養牛。必被牛撞。一一皆准。何也。為卯
上屋脊相冲故也。二為坤。坤為腹、為牛。卯
上有屋脊相冲。能無然乎。

陶恒益陽宅　六運丑山未向

六二一　九五四　巽上三义兌上浜頭從申坤未丁午至巽

四九五　七三八　合聚門前照牆上望見樓屋參差不齊病

八七三　二一六　人夢中見穿月色衣女人

六運　午山子向

四八九　八四三　巽小浜水從艮轉有壩水响坎狹小横過

六一五　六二七　至亥乾斜飛出庚酉辛大開洋血症傷丁

二三七　一九五　火災兌方蟻聚出賊

八四三　癸丁　四八九
六二七　六一五
一九五　壬丙　二三七

五九一　七三二
七二六　五一六
三四八　九八四

六一二　三七八
八三七　五九四
四五九　一二六

趙大祖墳　六運　癸山丁向

艮(五)龍離水。其住宅亦六運造。壬山丙向。艮(四)
乾水响交七運。傷三丁。大敗。

又　申山寅向

艮(八)水。酉(七)辛水來。從坤(二)轉至巽(一)。消坤(三)上小石
橋。橋外山。巽(四)上遠峰。入泮一人。屬兔人淹
死。

八四三　四八九
六二七　六一五
一九五　二三七

六運　癸山丁向

癸丑艮高山出脈乾上澗水响從兌坤流至離方聚艮上拖出一條山岡卯方低巽又高山初遷利交進七運傷丁賊偷血症

五九一　七三二
七二六　五一六
三四八　九八四

又一家葬壬山丙向

出瞎眼者兩人諒由乾巽二處水出皆虧之故

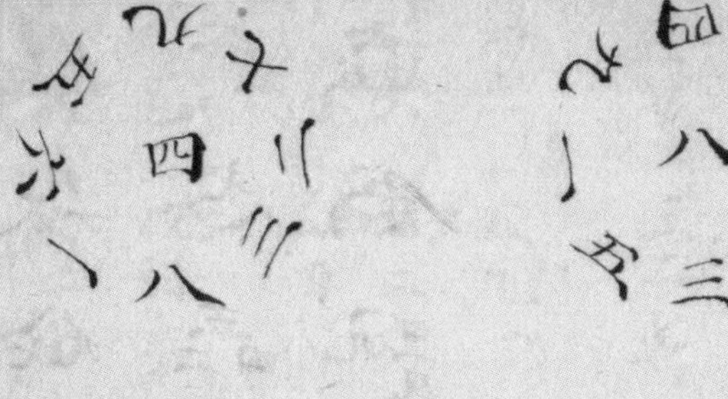

西段庄有一寡婦只一子幼領養媳在家六運住庚山甲向宅一間兩進屋中腰天井內朝北開大門其房卯門日間夫妻和好夜間進房卽口角余觀其屋狹小無法可改令其房外壁內作壁厨一個請孔聖人　文昌　魁星像供內朝夕焚香點燭禮拜數月而安此非形家之法以地理之道參河洛之奧妙也

七運　乾宅巽向

巽離坤橫街朝對兩間高樓坐河入宅數月即病腹生塊甚大服藥無效搬出即愈宅向五黃故也

六 / 七 五	二 / 三 一反	四 / 五 三
五 / 六 四	七 / 八 六	九 / 一 八
一 / 二反 九	三 / 四 二	八 / 九 七

四八九　一六五
六一五　八四九
二三七　三二七

七三二　五九一
五一六　七二六
九八四　三四八

四八九　八四三
六一五　六二七
二三七　一九五

明末唐茂芝祖墳　七運寅山申向
艮龍初葬十餘年傷男女十七人絕兩房
獨存一房八九運大發科甲

六運　丙山壬向兼午子
甲卯乙三叉水亮坎水葬後發痴即改葬
丁山癸向兼未丑一分痴即愈

錢維城狀元祖墳　二運丑山未向
十道坎卯午丁未坤皆消出未艮辛乾上
皆峰乙未年葬葬下卽發至五運壞官破
財

八三四　二六七
一五九　四八三
六七二　九一五

秦容莊祖墳　四運壬丙兼子午
艮上來水之源從卯巽午坤止交五運大
旺甲午科中式舉人六運陞官

六二一　二六七
四九五　四八三
八七三　九一五

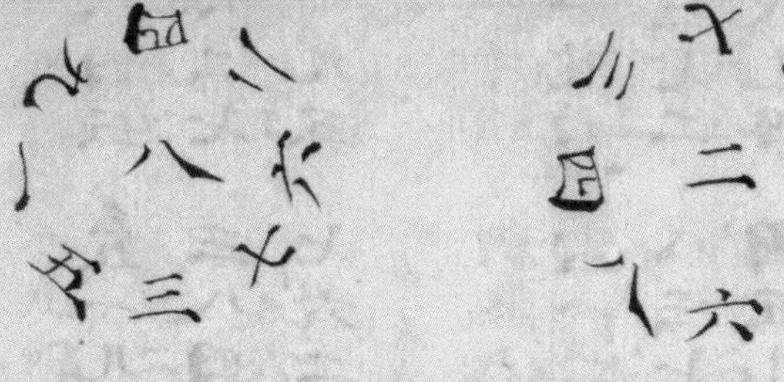

許叙興祖墳

五運　未山丑向兼坤艮

庚酉上水來未坤低田丁未龍丑艮寅池

塘乾上平氣卯乙水乾隆三十八年癸巳

用葬下卽發至六運嘉慶四年己未三月

弟死戊寅年生人得年四十二歲

八四三　五一九
六二七　三八四
一九五　七六二

五運　坤山艮向兼未丑

亥壬子癸水來巽辰乙卯甲水來合消艮
寅方大房生而不育財可二房財少丁有
三房尅妻後改未山丑向兼丁癸得生

一五六　六一二
三七二　八三七
八九四　伏四五九

五運　酉山卯向兼辛乙

丙氣卯乙辰水辰上伏吟甲寅年犯人命
庚申辛酉年連傷五丁

五運　酉山卯向

震坤離水皆大。艮丑癸小蕩庚酉小水。消

出巽辛戌乾亥山。乾氣。坤巽二峰尖秀。葵

後丁財大旺。

又　卯山酉向

庚酉辛戌乾亥水。巽上高峰。艮上浜兜。五

運初年遷。六運大發。

一五六　六一二

三七二　八三七

八九四　四五九

六一二　一五六

八三七　三七二

四五九　八九四

王坤元祖墳上倉頭

五運　丙山壬向兼午子

六二一　七三二
四九五　五一六
八七三　九八四

坎上蕩巽巳丙午丁蕩坤蕩尖射酉辛低田乾上浜水遠大房絕二房於乾隆五十二年丁未剋妻財發萬餘金

又一墳於六運用卯山酉向十餘年之間敗絕

一六　三　七
八　四五　九
八　五　六
三　七　二
一八　九　四

俞姓 上倉頭 五運 卯山酉向

離方山岡從巽震艮山勢反弓斜去卯方朝西略開面微似有脈左首坤方山勢稍抱右首坎方無砂坤申方山灣內水來聚於庚酉辛方戌乾亥低窪曠野無際坎方高田葬時只有一子年十歲極貧苦以後流落姑蘇帮工度日後出販參回家大發東家甚喜分銀二十餘萬以答其情後孫

輩二十餘人。入泮者五六人。遷居松江府。此地係乾隆三十年間。遇地仙李國賓所葬。蓋亦有緣也。

一運

子山午向要取申庚水或丁未水輔星在坤

戌山辰向直要得乾離艮坎巽水消乾

坤山艮向兼申寅要震巽離坤兌水消出離不兼取離坤兌

甲山庚向不兼取震艮離水

乙山辛向取艮坎乾兌水

巳山亥向取艮坤乾兌水

巽山乾向取巽坎乾兌水

未山丑向　取坎離艮震水○

酉山卯向不兼　取巽離艮坎水消乾○

乾山巽向　右為陰午丁至巳丙此十道○

丙山壬向　坎離震兌水○

辰山戌向　乾坎艮兌水消巽○

丁山癸向　坎離乾兌水○

二運

辰山戌向　須乾兌艮坎水消震○

四五六八　一

戌山辰向　須巽乾離坤兌○

亥山巳向　乾兌艮坎消震○

甲山庚向　坎兌離震艮○

卯山酉向　坎離震兌坤○

乙山辛向　巽離震兌坤○

壬山丙向　甲庚壬丙艮○

艮山坤向兼（寅申順　丑未逆）○坎離乾巽艮坤○

庚山甲兼酉卯（巽離坤兌艮○初用乾水○　不兼取離坎坤艮乾水○）

巳山亥兼巽乾兌巽離水不兼取乾巽坎艮消震

乾山巽　此地卯上有水合星到卽發

三運

卯山酉　得坤水取輔星成五吉　八六三四

甲山庚　取震巽乾艮水

癸山丁　多兼丑未七順布子午逆布十道

午山子　坎乾水三八為朋位位是破軍

丑山未兼坎九逆布坎乾水取得輔星成五吉三八為朋

庚山甲　離巽水為宗矣
辛山乙單用只能酉辛水為補救矣
亥山巳　坐空法須坤申水輔四凶水
　　　　消出坤更妙
辰山戌未用巽乾艮離兌水為五吉艮
　　　　離宜大

四運
辛山乙　乙水得輔星吉一路行

丑山未向入中巽離坤庚丑水成五吉
乙山辛　離震兌乾水未年可用
甲山庚　要向天心尋十道
癸山丁兼子午　鄭大美祖墳
乾亥酉辛水壬子屋癸丑水艮寅
甲未坤水卯乙水巽平田乾隆二
十年亥乙葬至三十八年癸巳五運傷兩丁巳
有田二千餘畝孫五人

三	七	八
五	九	四
一	二	六

五	一	九
三	八	四
七	六	二

丙山壬

用四吉水艮乾水為輔救初運用坎水末年不用坎水謝姓於四運内遷申山寅向大不利改葬丁山癸向卽安此地坎上城門至艮灣轉辰巽浜頭在末年葬

甲山庚

杜玉林墳乾响兌水在龍泉巷内蘇慶灣此地董華星作

坎坤二處各堆一墩。

子山午 多兼則逆。少兼則順。不兼則

另有變局在四正向不兼陽。

四隅向不兼陰。

巽山乾 要用打刼法。須兼巳亥。

乾山巽逆取震兑巽離坤水。

辰山戌可用巽水。巳丙宜向天門上。

亥壬向得巽風吹。

戌山辰　四運時用令星要雜八白在
壬癸丑艮水六運要取一白
水在內

五運

庚山甲　巽空氣卯蕩葬後四子不育
癸山丁　戌乾水艮池消出丁癸卯年
葬丁財秀俱發
戌山辰　巽震丑坎水於乾隆四十五

年庚子葬後丁財大妙

亥山巳　坎乾蕩乙辰巽水此所謂戌

乾巳文曲拱連次

艮山坤　八神四個二

巳山亥　巳丙宜向天門上

乙山辛卯酉乾兌大蕩巽上略見水於

乾隆四十一年丙申葬後

即大發此地鎮江須姓

乙山辛　未坤來水庚酉辛橫過戌乾有水丁財好至六運又葬大利

辰山戌　取乾亥壬水

巽山乾　取乾坎艮兌水

丁山癸　强增大祖墳午水戌乾亥來水之源艮寅出口至乾隆五十年乙巳六運初交好起

坤山艮　丑蕩乙丑年三月生産子母皆亡

未山丑　乾兌屋生二子一屬羊一屬馬皆啞
乾山巽亥巳酉辛來水坎浜艮來水卯乙
來水離消出丁財好二房剋妻

六運

丙山壬　午子離氣坤插浜兌小水乾坎
水重朝艮消出匡倫祥於
乾隆五十二年丁未用

丁山癸馬山丁參改祖墳

艮主峰轉到乾上拖下山腳
癸上澗水來卯太湖水癸亥
年葬甲子年卽中

丁山癸 有坎離水須兼午子無雜水
須兼未丑用一路行

壬山丙巳兼亥 震巽坎離坤水此五吉之
局宜小宜大

寅山申庚兼甲 亥壬水雜為一六共宗

辛山乙　乾兌氣卯乙水聚坎水至艮
轉灣於嘉慶六年辛酉五月產丁
巽山乾　坎水向乾來水坤消癸亥年
大房傷丁　侯春官父墳
坤山艮鄭正謀祖墳　艮水坤水大巽水嘉慶
十年乙丑五月傷屬兔人
亥山巳兼乾巽　坎乾水於嘉慶九年甲子
九月傷孕婦

戌山辰

嘉慶四年己未用中元六運第十六年卯乙巽水來坤消出艮屋即於是年改葬癸丁兼子午五年庚申十月生產傷婦

丑山未陽宅巽屋丁卯年痢疾傷丁

乙山辛五運改葬乾水長大來酉辛水坤消出坎蕩乾隆五十二年丁未傷屬猴生人

艮山坤　陳裕奎父墳　坎屋乾三义水來坤水長大來午丁水亮巽消出於五運中乾隆四十一年丙申用四十二年六月犯人命至嘉慶七年壬戌七月間小房子起病九月十五癸未日死

丙山壬兼午子　七運甲子年葬離峰離氣乙丑年正月小丁俱從口內發病連傷數丁

七運　陽宅　辛乙兼戌辰四分

向對兌七金氣內戶制化之法宜承丙丁辰巽巳坤申諸方門路皆吉忌艮坎兌三方有路有門即竈位火門宜丙丁未坤諸方忌震巽艮兌四方現向乙卯是方兌金所居火門向此為火剋金兌金主肺故有虛寒微恙宜改丁方求為安穩上房門現在正床之巽巳方是方六白乾金所臨門外

來路。現向庚方進房。宜將此屏門移前一
架。此門在房門之申方。佈着八白艮土所
臨。與巽巳方所得星辰。金土生生。定卜多
男之慶。

心一堂術數古籍珍本叢刊　第一輯書目

占筮類			
1	擲地金聲搜精秘訣	心一堂編	沈氏研易樓藏稀見易占秘鈔本
2	卜易拆字秘傳百日通	心一堂編	
3	易占陽宅六十四卦秘斷	心一堂編	火珠林占陽宅風水秘鈔本
星命類			
4	斗數宣微	【民國】王裁珊	民初最重要斗數著述之一；未刪改本
5	斗數觀測錄	【民國】王裁珊	失傳民初斗數重要著作
6	《地星會源》《斗數綱要》合刊	心一堂編	失傳的第三種飛星斗數
7	《斗數秘鈔》《紫微斗數之捷徑》合刊	心一堂編	珍稀「紫微斗數」舊鈔秘本
8	斗數演例	心一堂編	
9	紫微斗數全書（清初刻原本）	題【宋】陳希夷	斗數全書本來面目；有別於錯誤極多的坊本
10－12	鐵板神數（清刻足本）——附秘鈔密碼表	題【宋】邵雍	無錯漏原版　秘鈔密碼表　首次公開！
13－15	蠢子數纏度	題【宋】邵雍	蠢子數連密碼表　打破數百年秘傳　首次公開！
16－19	皇極數	題【宋】邵雍	清鈔孤本附起例及完整密碼表　研究神數必讀！
20－21	邵夫子先天神數	題【宋】邵雍	附手鈔密碼表　研究神數必讀！
22	八刻分經定數（密碼表）	題【宋】邵雍	皇極數另一版本；附手鈔密碼表
23	新命理探原	【民國】袁樹珊	子平命理必讀教科書！
24－25	袁氏命譜	【民國】袁樹珊	民初二大命理家南袁北韋
26	韋氏命學講義	【民國】韋千里	
27	千里命稿	【民國】韋千里	北韋之命理經典
28	精選命理約言	【民國】韋千里	
29	滴天髓闡微——附李雨田命理初學捷徑	【民國】袁樹珊、李雨田	命理經典未刪改足本
30	段氏白話命學綱要	【民國】段方	民初命理經典最淺白易懂
31	命理用神精華	【民國】王心田	學命理者之寶鏡

32	命學探驪集	【民國】張巢雲	發前人所未發　稀見民初子平命理著作
33	澹園命談	【民國】高澹園	
34	算命一讀通——鴻福齊天	【民國】不空居士、覺先居士合纂	
35	子平玄理	【民國】施惕君	
36	星命風水秘傳百日通	心一堂編	
37	命理大四字金前定	題【晉】鬼谷子王詡	源自元代算命術
38	命理斷語義理源深	心一堂編	稀見清代批命斷語及活套
39-40	文武星案	【明】陸位	失傳四百年《張果星宗》姊妹篇　千多星盤命例　研究命學必備
相術類			
41	新相人學講義	【民國】楊叔和	失傳民初白話文相術書
42	手相學淺說	【民國】黃龍	民初中西結合手相學經典
43	大清相法	心一堂編	重現失傳經典相書
44	相法易知	心一堂編	
45	相法秘傳百日通	心一堂編	
堪輿類			
46	靈城精義箋	【清】沈竹礽	沈氏玄空遺珍　玄空風水必讀
47	地理辨正抉要	【清】沈竹礽	
48	《玄空古義四種通釋》《地理疑義答問》合刊	沈瓞民	
49	《沈氏玄空吹虀室雜存》《玄空捷訣》合刊	【民國】申聽禪	
50	漢鏡齋堪輿小識	【民國】查國珍、沈瓞民	
51	堪輿一覽	【清】孫竹田	失傳已久的無常派玄空經典
52	章仲山挨星秘訣（修定版）	【清】章仲山	章仲山無常派玄空珍秘　門內秘本首次公開　沈竹礽等大師尋覓一生未得之珍本！
53	臨穴指南	【清】章仲山	
54	章仲山宅案附無常派玄空秘要	心一堂編	
55	地理辨正補	【清】朱小鶴	玄空六派蘇州派代表作
56	陽宅覺元氏新書	【清】元祝垚	簡易・有效・神驗之玄空陽宅法
57	地學鐵骨秘　附　吳師青藏命理大易數	【民國】吳師青	釋玄空廣東派地學之秘
58-61	四秘全書十二種（清刻原本）	【清】尹一勺	玄空湘楚派經典本來面目　有別於錯誤極多的坊本

62	地理辨正補註　附 元空秘旨　天元五歌　玄空精髓　心法秘訣等數種合刊	【民國】胡仲言	貫通易理、巒頭、三元、三合、天星、中醫
63	地理辨正自解	【清】李思白	公開玄空家「分率尺、工部尺、量天尺」之秘
64	許氏地理辨正釋義	【民國】許錦灝	民國易學名家黃元炳力薦
65	地理辨正天玉經內傳要訣圖解	【清】程懷榮	秘訣一語道破，圖文并茂
66	謝氏地理書	【民國】謝復	玄空體用兼備、深入淺出
67	論山水元運易理斷驗、三元氣運說附紫白訣等五種合刊	【宋】吳景鸞等	失傳古本《玄空秘旨》《紫白訣》
68	星卦奧義圖訣	【清】施安仁	
69	三元地學秘傳	【清】何文源	
70	三元玄空挨星四十八局圖說	心一堂編	三元玄空門內秘笈　清鈔孤本 過去均為必須守秘不能公開秘密 與今天流行飛星法不同
71	三元挨星秘訣仙傳	心一堂編	
72	三元地理正傳	心一堂編	
73	三元天心正運	心一堂編	
74	元空紫白陽宅秘旨	心一堂編	
75	玄空挨星秘圖　附 堪輿指迷	心一堂編	
76	姚氏地理辨正圖說　附 地理九星并挨星真訣全圖　秘傳河圖精義等數種合刊	【清】姚文田等	
77	元空法鑑批點本——附 法鑑口授訣要、秘傳玄空三鑑奧義匯鈔　合刊	【清】曾懷玉等	蓮池心法　玄空六法 門內秘鈔本首次公開
78	元空法鑑心法	【清】曾懷玉等	
79	曾懷玉增批蔣徒傳天玉經補註【新修訂版原（彩）色本】	【清】項木林、曾懷玉	
80	地理學新義	【民國】俞仁宇撰	
81	地理辨正揭隱（足本）　附連城派秘鈔口訣	【民國】王邈達	揭開連城派風水之秘
82	趙連城傳地理秘訣附雪庵和尚字字金	【明】趙連城	
83	趙連城秘傳楊公地理真訣	【明】趙連城	
84	地理法門全書	仗溪子、芝罘子	巒頭風水，內容簡核、深入淺出
85	地理方外別傳	【清】熙齋上人	巒頭形勢、「望氣」「鑑神」
86	地理輯要	【清】余鵬	集地理經典之精要
87	地理秘珍	【清】錫九氏	巒頭、三合天星，圖文並茂
88	《羅經舉要》附《附三合天機秘訣》	【清】賈長吉	清鈔孤本羅經、三合訣法圖解
89－90	嚴陵張九儀增釋地理琢玉斧巒	【清】張九儀	清初三合風水名家張九儀經典清刻原本！

91	地學形勢摘要	心一堂編	形家秘鈔珍本
92	《平洋地理入門》《巒頭圖解》合刊	【清】盧崇台	平洋水法、形家秘本
93	《鑒水極玄經》《秘授水法》合刊	【唐】司馬頭陀、【清】鮑湘襟	千古之秘，不可妄傳匪人
94	平洋地理闡秘	心一堂編	雲間三元平洋形法秘鈔珍本
95	地經圖說	【清】余九皋	形勢理氣、精繪圖文
96	司馬頭陀地鉗	【唐】司馬頭陀	流傳極稀《地鉗》
97	欽天監地理醒世切要辨論	【清】欽天監	公開清代皇室御用風水真本
三式類			
98－99	大六壬尋源二種	【清】張純照	六壬入門、占課指南
100	六壬教科六壬鑰	【民國】蔣問天	由淺入深，首尾悉備
101	壬課總訣	心一堂編	過去術家不外傳的珍稀六壬術秘鈔本
102	六壬秘斷	心一堂編	
103	大六壬類闡	心一堂編	
104	六壬秘笈——韋千里占卜講義	【民國】韋千里	六壬入門必備
105	壬學述古	【民國】曹仁麟	依法占之，「無不神驗」
106	奇門揭要	心一堂編	集「法奇門」、「術奇門」精要
107	奇門行軍要略	【清】劉文瀾	條理清晰、簡明易用
108	奇門大宗直旨	劉毗	天下孤本　首次公開 虛白盧藏本《秘藏遁甲天機》
109	奇門三奇干支神應	馮繼明	
110	奇門仙機	題【漢】張子房	奇門不傳之秘　應驗如神
111	奇門心法秘纂	題【漢】韓信（淮陰侯）	
112	奇門廬中闡秘	題【三國】諸葛武侯註	
選擇類			
113－114	儀度六壬選日要訣	【清】張九儀	清初三合風水名家張九儀擇日秘傳
115	天元選擇辨正	【清】一園主人	釋蔣大鴻天元選擇法
其他類			
116	述卜筮星相學	【民國】袁樹珊	民初二大命理家南袁北韋
117－120	中國歷代卜人傳	【民國】袁樹珊	南袁之術數經典